Le petit livre

SARDINES EN BOÎTE

GARLONE BARDEL
PHOTOGRAPHIES DE VALÉRY GUEDES .

MARABOUT

SOMMAIRE

KIT RILLETTES TROP FACILES

Écrasées avec quelques ingrédients, les sardines en boîte deviennent en quelques coups de fourchette de savoureuses rillettes faites maison à tartiner en toutes occasions !

POUR UNE DOUZAINE DE TOASTS

BEURRE SALÉ

1 boîte de sardines à l'huile
10 g de beurre salé au sel de Guérande

Dans une assiette, écraser les sardines égouttées et le beurre salé.
Tartiner des toasts et servir en amuse-bouche.

TOMATE

1 boîte de sardines à l'huile
4 cuillerées à soupe de sauce tomate

Dans une assiette, écraser les sardines égouttées et la sauce tomate.
Tartiner des toasts ou servir avec des dips de légumes.

CITRON-CIBOULETTE

1 boîte de sardines à l'huile
½ botte de ciboulette
jus de ½ citron
1 filet d'huile d'olive

Dans une assiette, écraser les sardines égouttées, le jus de citron, le filet d'huile d'olive et la ciboulette ciselée.
Servir sur des tartines en en-cas ou en amuse-bouche avec des chips de légumes.

KIT RILLETTES FESTIVES

En variant les ingrédients, les rillettes sont plus élaborées et encore plus festives !

HERBES & COTTAGE CHEESE

1 boîte de sardines à l'huile
1 pot de cottage cheese (ou, à défaut, 1 petit pot de faisselle)
½ botte de ciboulette
6-7 brins de persil plat
6-7 brins de cerfeuil
1 filet d'huile d'olive
sel, poivre du moulin

Dans une assiette, écraser les sardines égouttées, le cottage cheese, les herbes fraîches très finement ciselées et ajouter un filet d'huile d'olive. Saler et poivrer à votre goût.
Tartiner sur du pain frais ou sur des crackers.

SAUCE TOMATE, TABASCO & SEL DE CÉLERI

1 boîte de sardines à l'huile
4 cuillerées à soupe de sauce tomate
Quelques gouttes de tabacsco
Quelques pincées de sel de céleri

Dans une assiette, écraser les sardines égouttées, la sauce tomate et assaisonner à votre goût de tabasco et de sel de céleri.
Servir sur des toasts ou dans une coupelle avec des dips de céleri branche.

À LA JAPONAISE

1 boîte de sardines à l'huile
1 cuillerée à soupe de vinaigre de riz (épicerie bio ou japonaise)
1 échalote
1 filet de sauce soja
1 filet d'huile d'olive

Écraser les sardines égouttées, le vinaigre de riz, l'échalote finement ciselée, la sauce soja et l'huile d'olive.
Servir sur des toasts ou avec un bol de riz vinaigré.

KIT SOUPES

Les soupes faites à base de sardines en boîte ont toutes les vertus du « vite-fait »
et du « fait maison » aux saveurs de la mer.

POUR 4 PERSONNES

BOUILLON DE LÉGUMES & CROÛTONS AILLÉS

1 l d'eau
1 bouillon cube de légumes
2 boîtes de sardines à l'huile égouttées
1 tranche de pain de campagne
1 gousse d'ail
huile d'olive
sel, poivre du moulin

Faire dorer la tranche de pain de campagne
dans une poêle huilée chaude.
Gratter la gousse d'ail dessus puis couper
le pain en petits croûtons.
Porter l'eau et le bouillon cube de légumes
à ébullition. Puis mixer le bouillon
avec les sardines.
Servir dans des bols et parsemer la soupe
de croûtons.

TOMATE

½ l de sauce tomate
½ l d'eau
2 boîtes de sardines à l'huile égouttées
sel, poivre du moulin

Mixer ensemble tous les ingrédients.
Faire chauffer, saler et poivrer. Servir chaud.

BOURSIN

½ l de lait
½ l d'eau
2 boîtes de sardines à l'huile égouttées
1 Boursin nature
2 ou 3 brins de cerfeuil
2 ou 3 brins d'estragon
sel, poivre du moulin

Mixer ensemble le lait, l'eau, les sardines
et le Boursin. Faire chauffer puis mixer
de nouveau avec les herbes. Saler, poivrer.

KIT GRILL

Rien de mieux pour donner un air cuisiné et parfumé à vos sardines que de les passer sous le grill ! Directement dans leur boîte ouverte, en y ajoutant seulement quelques ingrédients pour relever toutes les saveurs…

POIVRON ROUGE & THYM

1 boîte de sardines à l'huile
¼ de poivron rouge
3 branches de thym frais (ou, à défaut,
1 cuillerée à café de thym séché)

Ouvrir la boîte de sardines. Émincer finement le poivron rouge en lamelles et le glisser entre les sardines. Émietter les branches de thym par-dessus. Enfourner la boîte de sardines au grill 5 minutes. Servir chaud avec des pâtes.

POUR 2 PERSONNES

OIGNON, AIL & CITRON

1 boîte de sardines à l'huile
jus de ½ citron
1 gousse d'ail
le ¼ d'un oignon

Peler l'ail et l'oignon puis les émincer finement. Ouvrir la boîte de sardines et retirer la moitié de l'huile.
Glisser les lamelles d'ail entre les sardines, parsemer d'oignons et arroser de jus de citron.
Enfourner cinq minutes au grill. Servir chaud avec des pommes de terre vapeur.

ROMARIN & CÂPRES

1 boîte de sardines à l'huile
1 cuillerée à café de câpres
1 branche de romarin frais

Ouvrir la boîte de sardines. Parsemer de câpres et de romarin ciselé. Enfourner sur la position grill cinq minutes. Servir chaud avec des pommes de terre sautées.

SARDINADE & SES DIPS DE LÉGUMES

10 MIN DE PRÉPARATION

POUR 4 PERSONNES

2 boîtes de sardines
à l'huile d'olive
1 cuillerée à soupe
de câpres
3 gousses d'ail
1 cuillerée à café
de vinaigre
3 tours de poivre
du moulin
4 branches de céleri
branche
2 carottes
1 chou-fleur
½ concombre épépiné

1- Dans une assiette creuse, écraser les câpres, les sardines
et leur huile, ajouter l'ail dégermé et finement émincé
puis le vinaigre et le poivre. Bien mélanger.
2- Laver et éplucher les légumes, les tailler en bâtonnets.
3- Servir la sardinade dans une ou plusieurs petites coupelles
pour que chacun puisse tremper ses dips de légumes dedans.

TARTINE DE CRÈME DE FÈVE AU CUMIN

15 MIN DE PRÉPARATION - 15 MIN DE CUISSON

POUR 4 TARTINES

250 g de fèves fraîches
1 cuillerée à soupe
d'huile d'olive
1 cuillerée à café rase
de cumin moulu
2 gousses d'ail
1 pincée de piment
d'Espelette
sel, poivre
4 tranches de bon pain
de campagne
1 boîte de filets
de sardine à l'huile
d'olive
graines germées type
alfalfa

1- Faire blanchir les fèves 15 minutes dans une casserole d'eau
bouillante salée. Les peler puis les mettre dans un bol.
2- Écraser grossièrement. Ajouter l'huile d'olive, le cumin,
le piment, l'ail dégermé et finement émincé. Saler et poivrer.
3- Bien mélanger et étaler sur les tranches de pain. Disposer
sur chacune deux filets de sardine et des graines germées.
4- Déguster en en-cas, en entrée ou en apéritif
sur des mini tartines.

TARTINE COURGETTE FETA SAUCE ROQUETTE

15 MIN DE PRÉPARATION - 5 MIN DE CUISSON

POUR 4 TARTINES

1 courgette (bio de préférence)
100 g de feta
100 g de roquette
huile d'olive
1 cuillerée à café de pâte de curry
1 boîte de sardines à l'huile d'olive
1 gousse d'ail
4 tranches de pain de campagne
sel, poivre

1 - Laver la courgette et la couper en fines lanières dans le sens de la longueur sans la peler, à l'aide d'un économe par exemple.

2 - Arroser d'un filet d'huile d'olive. Saler, poivrer et faire revenir à la poêle des deux côtés.

3 - Faire griller les tranches de pain de campagne et les frotter avec la gousse d'ail pelée.

4 - Disposer dessus les lanières de courgette grillées, ajouter les sardines et la feta émiettée. Arroser de la sauce roquette obtenue en mixant la roquette avec 1 cuillerée à soupe d'huile d'olive et 1 cuillerée à café de pâte de curry.

5 - Servir en entrée, en en-cas ou en apéritif en mini tartines.

TOASTS DE RADIS NOIR & CRÈME DE SARDINE

15-20 MIN DE PRÉPARATION

POUR 4 PERSONNES

1 boîte de sardines
à l'huile d'olive
1 échalote
1 radis noir (bio
de préférence)
½ botte de ciboulette
½ botte de menthe
½ botte d'aneth
4 cuillerées à soupe
de mayonnaise maison

1 - Découper le radis noir en rondelles de 2 à 3 mm
d'épaisseur. Réserver.
2 - Dans un bol, mélanger les sardines débarrassées de leur
huile et écrasées à la fourchette avec la mayonnaise,
les herbes fraîches finement ciselées et l'échalote hachée.
3 - À l'aide d'une cuillère à café, disposer des petits tas
du mélange aux sardines sur les rondelles de radis noir.
Les couvrir d'une deuxième rondelle de radis.
4 - Répéter jusqu'à épuisement des ingrédients.
5 - Servir frais en amuse-bouche.

CHAMPIGNONS FARCIS À LA CRÈME DE SARDINES

10 MIN DE PRÉPARATION - 25 MIN DE CUISSON

**POUR
12 CHAMPIGNONS
FARCIS**

12 gros champignons
de Paris
1 boîte de sardines
à l'huile d'olive
½ botte de ciboulette
ciselée
½ botte de persil ciselé
1 pot de ricotta
4 cuillerées à soupe
de parmesan râpé
sel, poivre du moulin

1- Préchauffer le four à 180 °C.
2- Rincer les champignons à l'eau claire, les sécher puis
les équeuter. Réserver.
3- Dans un grand bol, mélanger la ricotta, le parmesan râpé,
les sardines égouttées et écrasées à la fourchette, les herbes
ciselées et les queues des champignons finement émincées.
Saler et poivrer à votre goût.
4- À l'aide d'une petite cuillère, garnir les chapeaux
des champignons de farce. Les placer sur une feuille de papier
sulfurisé sur une plaque allant au four. Enfourner 25 minutes
environ.
5- Servir chaud en amuse-bouche ou en entrée, accompagné
d'une salade de mâche.

SAMOSAS AUX SARDINES & AUX LÉGUMES

20 MIN DE PRÉPARATION - 5 À 10 MIN DE CUISSON

POUR 12 SAMOSAS

1 paquet de feuilles
de brick
1 boîte de sardines
à l'huile d'olive
50 g de petits pois
1 carotte
1 pomme de terre
1 oignon
1 gousse d'ail
1 petit morceau
de gingembre frais
1 cuillerée à café
de garam massala
huile d'olive
sel, poivre du moulin

1- Éplucher les légumes et les émincer en tout petits dés.
2- Dans une poêle huilée chaude, faites revenir l'oignon,
le gingembre émincé et l'ail écrasé. Ajouter les légumes et faire
cuire une dizaine de minutes.
3- En fin de cuisson, ajouter les sardines égouttées
et grossièrement émiettées ainsi que le garam massala.
Assaisonner.
4- Couper les feuilles de brick en deux et les badigeonner
d'huile d'olive. Plier chaque moitié dans le sens de la longueur
de façon à former un rectangle.
5- Poser une cuillerée de farce à l'extrémité du rectangle
et plier pour former un triangle. Plier ainsi de suite jusqu'à la fin
de la feuille.
6- Faire cuire les samosas dans une poêle huilée chaude
jusqu'à ce qu'ils soient parfaitement dorés.
7- Servir aussitôt, accompagné d'une salade verte.

KEFTAS DE SARDINES SAUCE TOMATE-CITRON

30 MIN DE PRÉPARATION - 15 MIN DE CUISSON

POUR 4 PERSONNES

2 boîtes de sardines
à l'huile d'olive
5 gousses d'ail
½ cuillerée à café
de cumin moulu
½ cuillerée à café
de paprika
½ botte de persil plat
½ botte de coriandre
huile d'olive
100 g de semoule de blé
4 tomates
½ citron
sel, poivre

1- Dans un saladier, émietter grossièrement les sardines débarrassées de leur huile. Ajouter trois gousses d'ail dégermées et émincées, le cumin, le paprika et les herbes finement ciselées. Saler, poivrer, incorporer une cuillerée à soupe d'huile d'olive et la semoule de blé crue.

2- Bien mélanger et former des boulettes de la grosseur d'une noix. Réserver.

3- Dans une sauteuse, faire revenir 2 gousses d'ail dégermées et émincées dans 3 cuillerées à soupe d'huile d'olive.

4- Ajouter les tomates coupées en dés, le citron coupé en fines tranches et 15 cl d'eau. Saler, poivrer.

5- Quand les tomates sont attendries, ajouter délicatement les boulettes et laisser cuire à feu doux pendant 10 à 15 min.

6- Servir et déguster bien chaud.

PIZZETTES AUX SARDINES

15 MIN DE PRÉPARATION - 10 MIN DE CUISSON

POUR 4 PIZZETTES

4 tortillas (galettes à fajitas, au rayon tex-mex)
1 boîte de filets de sardine à l'huile d'olive
2 tranches de jambon blanc
2 champignons de Paris
60 g d'emmental râpé
40 g de billes de mozzarella
4 tomates grappe
1 échalote
1 gousse d'ail
1 cuillerée à café de thym
2 cuillerées à soupe d'huile d'olive
3 pincées de sel
3 tours de poivre du moulin

1- Éplucher et émincer finement l'échalote. Laver les tomates et les couper en gros dés.

2- Dans une poêle chaude, faire revenir dans l'huile d'olive la gousse d'ail puis l'échalote et les tomates. Saler et poivrer.

3- Ajouter 2 cuillerées à soupe d'eau et laisser cuire à feu doux pendant 10 minutes. Mixer la sauce obtenue.

4- Préchauffer le four à 210 °C.

5- Couper le jambon blanc en petites lanières, les champignons en fines lamelles et les billes de mozzarella en deux. Tailler les tortillas à fajitas en quatre cercles du diamètre que vous souhaitez obtenir pour vos pizzettes.

6- Étaler 2 cuillerées à soupe de sauce tomate sur chacun des cercles de tortilla puis parsemer de jambon, de champignons et de mozzarella. Disposer enfin 1 ou 2 filets de sardine puis saupoudrer d'emmental râpé et de thym.

7- Enfourner les pizzettes et laisser cuire environ 5 minutes jusqu'à ce que la pâte soit dorée. Déguster dès la sortie du four.

TARTELETTES TOMATES-MOZZA AUX HERBES

10 MIN DE PRÉPARATION - 20 MIN DE CUISSON

POUR 4 TARTELETTES

1 pâte feuilletée
1 boîte de filets de sardine à l'huile d'olive
6 tomates grappe
250 g de mozzarella di buffala
1 gousse d'ail
4 brins de basilic
4 pincées d'origan (ou 4 brins frais)
4 petits brins de romarin
2 cuillerées à soupe d'huile d'olive
1 pincée de sel
1 tour de poivre du moulin

1 - Préchauffer le four à 210 °C.

2 - Dérouler la pâte feuilletée et à l'aide d'un emporte-pièce ou d'un bol, découper des disques de pâte de 10 cm de diamètre environ.

3 - Préparer une plaque allant au four en la recouvrant de papier sulfurisé. Déposer les disques de pâte, réserver.

4 - Plonger 4 tomates dans une casserole d'eau bouillante pendant 1 minute. Enlever la peau, retirer les pépins et couper la chair en dés.

5 - Peler l'ail et le faire revenir sur feu vif dans une poêle avec un peu d'huile d'olive. Ajouter les tomates, puis le basilic, saler et poivrer. Laisser cuire jusqu'à ce que tout le jus s'évapore.

6 - Couper la mozzarella en fines tranches.

7 - Sur les disques de pâte, répartir la sauce tomate puis disposer en alternance des rondelles des 2 tomates restantes, des rondelles de mozzarella et des filets de sardine.

8 - Saupoudrer d'origan (frais c'est encore meilleur !) et de romarin. Enfourner les tartelettes et laisser cuire 20 minutes environ.

9 - Servir chaud, accompagné d'une salade verte.

PIZZA FIGUES-SARDINES-GORGONZOLA

10 MIN DE PRÉPARATION - 10 À 15 MIN DE CUISSON

POUR 4 PERSONNES

1 pâte à pizza
2 cuillerées à soupe
de concentré de tomate
1 boîte de filets de
sardine à l'huile d'olive
4 figues fraîches
100 g de gorgonzola
4 noix
1 branche de romarin
frais

1- Préchauffer le four à 240 °C.
2- Dérouler la pâte à pizza, placez-la sur une feuille de papier sulfurisé et sur une plaque allant au four.
3- Étaler le concentré de tomate sur la pâte et parsemer de morceaux de gorgonzola et de romarin ciselé.
4- Déposer par-dessus les filets de sardine, les figues coupées en quatre et les noix émiettées.
5- Enfourner 10 à 15 min jusqu'à ce que la pâte soit dorée et le gorgonzola fondant. Servir sans attendre.

PISSALADIÈRE AUX SARDINES

20 MIN DE PRÉPARATION - 1 H 15 DE CUISSON

POUR 4-6 PERSONNES

1 pâte brisée
1 kg d'oignons doux
1 boîte de filets de
sardine à l'huile d'olive
1 douzaine d'olives
niçoises (ou noires)
6 cuillerées à soupe
d'huile d'olive
2 pincées de sucre
fleur de sel, poivre
du moulin

1- Peler et émincer finement les oignons.
2- Les faire blondir dans une sauteuse avec trois cuillerées
à soupe d'huile d'olive, en remuant sans arrêt.
3- Sucrer, saler et poivrer à votre goût. Laisser mijoter à feu
doux environ 30 minutes, en mélangeant régulièrement
jusqu'à ce que les oignons soient translucides et tendres.
4- Dérouler la pâte sur un papier sulfurisé et sur une plaque
allant au four. Piquer le fond de la tarte à l'aide
d'une fourchette.
5- Disposer les oignons sur la pâte en une couche épaisse
et régulière. Répartir dessus les sardines égouttées, parsemer
d'olives.
6- Enfourner 45 minutes avant de servir chaud ou tiède.

TATINS DE SARDINES AU FENOUIL

15 MIN DE PRÉPARATION - 20 MIN DE CUISSON

POUR 4 TATINS INDIVIDUELLES

1 pâte feuilletée
1 boîte de sardines
à l'huile d'olive
2 petits bulbes de fenouil
1 cuillerée à soupe
de vinaigre de xérès
1 cuillerée à café
de sucre
4 branches de thym frais
huile d'olive

1 - Préchauffer le four à 200 °C.

2 - Rincer les fenouils à l'eau claire. Les couper dans le sens de la hauteur en tranches de 1 cm d'épaisseur environ.

3 - Faire revenir les tranches de fenouil 5 min de chaque côté dans une poêle chaude avec 2 cuillerées à soupe d'huile d'olive.

4 - Ajouter le vinaigre, le sucre, le thym et laisser cuire à feu doux pendant 10 minutes.

5 - Disposer les tranches de fenouil dans des moules à tartelette et glisser une ou deux sardines à côté du fenouil.

6 - Découper des disques de pâte feuilletée légèrement plus grands que les moules et les disposer sur les fenouils et les sardines en faisant rentrer les rebords de pâte à l'intérieur des moules.

7 - Enfourner 15 minutes environ jusqu'à ce que la pâte soit dorée. À la sortie du four, démouler les tatins dans des assiettes et servir aussitôt accompagné d'une salade de mesclun.

VELOUTÉ DE SARDINES & CHAMPIGNONS

15 MIN DE PRÉPARATION - 15 MIN DE CUISSON

POUR 4 PERSONNES

1 boîte de sardines
à l'huile d'olive

300 g de champignons
de Paris

50 cl de bouillon
de volaille

1 cuillerée à soupe
de cerfeuil émincé

1 gousse d'ail pelée
et hachée

noix de muscade râpé

20 cl de crème fraîche
liquide

sel, poivre du moulin

1- Couper le bout terreux des champignons. Les laver puis les égoutter et les émincer.
2- Verser le bouillon de volaille dans une grande casserole, ajouter les champignons et l'ail. Râper un peu de muscade dessus.
3- Porter à frémissement, couvrir et laisser cuire 15 minutes à feu doux.
4- Mixer le bouillon de volaille avec les sardines égouttées et le cerfeuil. Ajouter la crème fraîche et bien mélanger.
5- Faire chauffer puis servir aussitôt.

CRÈME TOPINAMBOURS VANILLE & SARDINES

15 MIN DE PRÉPARATION - 30 MIN DE CUISSON

POUR 4 PERSONNES

**1 boîte de filets de
sardine à l'huile d'olive**
500 g de topinambours
50 cl de lait
15 cl d'eau
1 gousse de vanille
**fleur de sel, poivre blanc
du moulin**

1- Préchauffer votre four à 240 °C.
2- Placer les filets de sardine égouttés sur une plaque recouverte de papier sulfurisé. Laisser au four 30 minutes pour les sécher.
3- Dans une cocotte, verser le lait, l'eau ainsi que les topinambours épluchés et coupés en gros morceaux.
4- Fendre la gousse de vanille en deux et la gratter dans le mélange à l'aide de la pointe d'un couteau.
5- Porter à ébullition puis laisser cuire à feu doux et à couvert pendant 20 minutes.
6- Mixer la crème de topinambours, assaisonner.
7- Servir dans des bols et émietter dessus les sardines séchées au four.

SALADE SUCRINE-SARDINES ORANGE-RAISINS

10 MIN DE PRÉPARATION

POUR 4 PERSONNES

4 sucrines
2 oranges non traitées
1 grappe de raisin noir
1 boîte de filets de
sardine à l'huile d'olive
½ botte de ciboulette
1 morceau de gingembre
frais (l'équivalent
d'une noix)
huile d'olive
vinaigre balsamique
fleur de sel

1- Laver et couper les sucrines en grosses lanières. Peler à vif
les quartiers d'orange (les débarrasser de toute leur peau
à l'aide d'un couteau bien aiguisé).
2- Mélanger les lanières de sucrines, les suprêmes d'orange,
les filets de sardine égouttés et le raisin noir.
3- Assaisonner la salade d'un généreux filet d'huile d'olive,
d'un filet de vinaigre balsamique et d'une pincée de fleur
de sel.
4- Parsemer de gingembre frais émincé très finement
et de ciboulette ciselée. Mélanger et servir très frais.

SALADE NIÇOISE AUX SARDINES

20 MIN DE PRÉPARATION - 18 MIN DE CUISSON

POUR 4 PERSONNES

1 petite boîte de thon
au naturel

1 boîte de filets de
sardine à l'huile d'olive

2 œufs

2 tomates

1 concombre

250 g de haricots verts

1 poivron rouge

15 à 20 olives niçoises

1 oignon blanc

1 cuillerée à soupe
de moutarde

3 cuillerées à soupe
d'huile d'olive

1 cuillerée à soupe
de vinaigre

sel et poivre du moulin

1- Faire cuire les œufs pendant 8 minutes dans une casserole
d'eau bouillante salée. Laisser refroidir.

2- Équeuter les haricots verts et les rincer. Les faire cuire
10 minutes dans une casserole d'eau bouillante salée.

3- Éplucher et émincer l'oignon. Peler le concombre, ôter
ses pépins et l'émincer. Laver le poivron et le couper en fines
lanières après avoir retiré les pépins. Laver les tomates
et les couper en quartiers.

4- Écaler les œufs et les couper en quartiers.

5- Dans un bol, mélanger la moutarde, l'huile d'olive,
le vinaigre, une pincée de sel et deux tours de poivre
du moulin.

6- Dans un saladier, mélanger les légumes, le thon, les filets
de sardine. Ajouter les olives, disposer les œufs, arroser
de vinaigrette et servez aussitôt.

FAÇON TARTARE PAMPLEMOUSSE & GRAINES

15 MIN DE PRÉPARATION - 15 MIN DE REPOS

POUR 4 TARTARES INDIVIDUELS

2 boîtes de sardines
à l'huile d'olive
1 pamplemousse rose
1 citron vert
1 échalote
½ botte de ciboulette
½ botte d'aneth
1 barquette de graines
germées
huile d'olive

1- Égoutter puis émietter les sardines.
2- Prélever les suprêmes de pamplemousse (c'est-à-dire
les quartiers débarrassés de leur peau). Couper les suprêmes
de pamplemousse en tout petits dés puis mélanger avec
les sardines.
3- Ajouter l'échalote finement hachée, la ciboulette et l'aneth
ciselées. Arroser le tout du jus de citron vert. Réserver
au réfrigérateur 15 minutes au minimum.
4- Former dans des assiettes des petits cylindres de tartare
(vous pouvez vous aider d'un emporte-pièce).
5- Avant de servir, poser dessus un joli tas de graines germées
(d'alfalfa par exemple) et arroser d'un filet d'huile d'olive.

ROULEAUX DE PRINTEMPS AUX SARDINES

15 MIN DE PRÉPARATION

POUR 4 ROULEAUX DE PRINTEMPS

4 feuilles de riz
1 carotte
4 feuilles de laitue
4 filets de sardine
1 poignée de vermicelles de riz cuit
1 poignée de pousses de soja
½ botte de menthe fraîche
sauce nuoc-mâm

1- Laver, éplucher et couper la carotte en allumettes.
2- Réhydrater les feuilles de riz : tremper tour à tour chaque feuille de riz dans un saladier d'eau tiède 1 à 2 secondes puis les déposer sur un torchon propre.
3- Sur une feuille de riz, déposer un petit tas de vermicelles de riz, de pousses de soja, quelques allumettes de carotte, un filet de sardine et deux feuilles de menthe.
4- Rouler. Déguster bien frais en enveloppant votre rouleau de printemps dans une feuille de laitue et en le trempant dans de la sauce nuoc-mâm.

MILLE-FEUILLE CROUSTILLANT GALETTE-SARDINE

15 MIN DE PRÉPARATION - 10 MIN DE CUISSON

**POUR
4 MILLE-FEUILLES**

2 galettes de sarrasin
1 boîte de sardines à
l'huile d'olive
1 fromage de chèvre frais
type Petit Billy
1 poignée de haricots
verts équeutés
1 douzaine de noisettes
concassées et torréfiées
½ botte de ciboulette
huile d'olive
sel, poivre du moulin

1- À l'aide d'un verre à moutarde ou d'un emporte-pièce, découper dans les galettes de sarrasin 16 disques de 4 cm de diamètre environ.

2- À l'aide d'un pinceau, huiler les disques de galette puis les enfourner sous le grill jusqu'à ce qu'ils soient bien croustillants. Réserver.

3- Ébouillanter les haricots verts 10 minutes et les couper en tout petits dés.

4- Dans un bol, mélanger le fromage frais, les sardines égouttées et écrasées, les haricots verts émincés, la ciboulette ciselée et un généreux filet d'huile d'olive. Assaisonner.

5- Monter les mille-feuilles en empilant successivement un cercle de galette puis une cuillerée de mélange au fromage. Répéter quatre fois l'opération et terminer par le mélange fromager en le parsemant de noisettes torréfiées.
Servir immédiatement en entrée.

MAKIS DE SARDINES LÉGUMES CROQUANTS

30 MIN DE PRÉPARATION

POUR 4 PERSONNES

8 feuilles de nori (en épicerie bio ou japonaise)
300 g de riz à sushi cuit (en épicerie bio ou japonaise)
1 boîte de sardines à l'huile d'arachide
½ concombre
1 carotte
10 cl de sauce soja
wasabi (l'équivalent de 4 noix)

1- Peler la carotte et le concombre. Retirer les graines du concombre. Couper les légumes en fines allumettes de 3 cm de long.
2- Sur un plan de travail, disposer la natte à sushi face à soi, un bol d'eau, un bol contenant le riz, les sardines égouttées, et les allumettes de carotte et de concombre.
3- Sur la natte, étaler soigneusement une feuille de nori. Mouiller ses doigts et tapisser la feuille de nori d'une épaisseur de 1 cm de riz en laissant un espace vide de 1 cm en haut et en bas de la feuille.
4- Au centre, disposer une ligne de sardines. Rouler la natte du bas vers le haut pour former un rouleau bien serré.
5- Ouvrir la natte et coller l'extrémité de la feuille de nori avec un peu d'eau déposée du bout de l'index.
6- Poursuivre la confection des rouleaux à la carotte puis au concombre.
7- Lorsque tous les rouleaux sont terminés, les couper en tronçons de 1,5 cm à l'aide d'un couteau bien aiguisé puis servir les makis avec la sauce soja et le wasabi.

SARDINES JAPONAISES AU GRILL

3 MIN DE PRÉPARATION - 5 MIN DE CUISSON

POUR 2 PERSONNES

**1 boîte de sardines
à l'huile**
**1 gousse d'ail
gingembre frais
(l'équivalent de 1 noix)**
**1 cuillerée à café de mirin
(facultatif, en épicerie
japonaise) ou le jus de
½ citron**
**1 cuillerée à café
de sauce soja
huile d'olive**

1- Ouvrir la boîte de sardines et la vider de son huile tout
en laissant les sardines dedans.

2- Peler l'ail et le couper en fines lamelles. Glisser les lamelles
entre les sardines.

3- Peler et hacher finement le gingembre et le parsemer
sur les sardines.

4- Arroser le tout de sauce soja, de mirin ou le jus de citron
puis recouvrir d'une bonne huile d'olive.

5- Enfourner sur position grill pendant 5 minutes. Savourer
avec des pommes de terre à l'eau ou au four.

PRESSÉS D'ÉPINARDS SARDINES & SÉSAME

10 MIN DE PRÉPARATION - 3 MIN DE CUISSON - 30 MIN DE RÉFRIGÉRATION

POUR 4 PERSONNES

1 boîte de sardines
à l'huile d'arachide

500 g d'épinards

30 g de noix

1 cuillerée à soupe
de graines de lin

1 cuillerée à soupe
de sucre

2 cuillerées à soupe
de vinaigre de riz

2 cuillerées à soupe
de sauce soja

1- Rincer les épinards et les faire cuire 3 minutes dans
une casserole d'eau bouillante salée.

2- Les égoutter puis les essorer très fort à la main.

3- Dans un bol, écraser les sardines débarrassées de leur huile
à l'aide d'une fourchette.

4- Mélanger les épinards et les sardines écrasées. Déposer
le mélange sur un film alimentaire et bien rouler serré de façon
à former un boudin de 2 cm de diamètre environ. Réserver
au frais.

5- Mixer ensemble les noix, les graines de lin, le sucre,
le vinaigre de riz et la sauce soja.

6- Avant de servir, retirer le film alimentaire et découper
le boudin d'épinards aux sardines en tronçons de 1 centimètre
d'épaisseur environ. Répartir les tronçons ainsi obtenus
dans les assiettes puis verser la sauce dessus.

7- Servir très frais en entrée.

SALTIMBOCCAS DE SARDINES

10 MIN DE PRÉPARATION - 5 MIN DE CUISSON

POUR 4 PERSONNES

(3 saltimboccas
par personne)

2 boîtes de sardines
à l'huile d'olive
12 tranches fines
de poitrine fumée
12 feuilles de sauge
fraîche
1 cuillerée à soupe
de parmesan rapé
poivre du moulin

1- Envelopper chaque sardine d'une tranche de poitrine fumée
et entourer le tout d'une feuille de sauge. Faire tenir l'ensemble
à l'aide d'un pic en bois.
2- Saupoudrer de parmesan râpé et d'un peu de poivre
du moulin.
3- Enfourner en position grill quelques minutes jusqu'à ce que
les saltimboccas soient dorés.
4- Les servir en amuse-bouche ou en plat, accompagné
de pâtes.

SAUTÉ DE RIZ PIMENTÉ SARDINES & CRESSON

10 MIN DE PRÉPARATION - 5 MIN DE CUISSON (+ CUISSON DU RIZ)

POUR 4 PERSONNES

250 g de riz basmati
blanc cuit
1 boîte de sardines
à l'huile d'arachide
2 bottes de cresson
1 gousse d'ail
1 cuillerée à café
de sauce soja
1 cuillerée à café d'huile
d'arachide
1 cuillerée à soupe
de shichimi togarashi
(mélange de 7 épices
japonais, dans les
épiceries japonaises)
ou, à défaut, ½ cuillerée
à café de piment
d'Espelette

1- Laver, essorer puis émincer le cresson.
2- Égoutter les sardines et les émietter grossièrement.
3- Faire revenir l'ail haché dans une poêle chaude avec l'huile d'arachide.
4- Ajouter les sardines et le cresson, mélanger constamment pendant 2 minutes. Ajouter le riz cuit, saupoudrer de shichimi togarashi ou de piment d'Espelette. Ajouter la sauce soja puis remuer sans arrêt pendant 3 minutes.
5- Servir aussitôt, accompagné d'un thé vert japonais.

TOMATES FARCIES AUX SARDINES & CHERMOULA

15 MIN DE PRÉPARATION - 30 MIN DE CUISSON

POUR 4 PERSONNES

4 grosses tomates
2 cuillerées à soupe
d'huile d'olive
1 boîte de sardines
à l'huile d'olive
2 cuillerées à soupe
de persil ciselé
2 cuillerées à soupe
de coriandre ciselée
2 cuillerées à café
de cumin en poudre
2 cuillerées à café
de paprika
3 gousses d'ail haché
2 cuillerées à café
de concentré de tomate
¼ de citron confit
finement haché
sel et poivre du moulin

1 - Préchauffer le four à 180 °C.
2 - Laver et couper le chapeau des tomates. Retirer le jus
et les pépins et retourner les tomates vidées sur un papier
absorbant. Réserver.
3 - Dans un grand bol, mélanger les ingrédients pour la farce
de sardines à la chermoula : émietter les sardines égouttées,
ajouter le persil, la coriandre, le cumin, le paprika, le concentré
de tomate, l'ail haché et le citron confit. Bien mélanger
puis assaisonner.
4 - Placer les tomates dans un plat à gratin huilé, les garnir
de la farce de sardines à la chermoula, puis remettre leurs
chapeaux dessus.
5 - Enfourner pendant 30 minutes puis servir bien chaud.

PARMENTIER DE SARDINES

10 MIN DE PRÉPARATION - 35 MIN DE CUISSON

POUR 4 PERSONNES

2 boîtes de sardines
à l'huile d'olive
600 g de pommes
de terre (type bintje)
20 g + 1 noix de beurre
1 filet d'huile d'olive
15 cl de lait
35 g de comté
sel, poivre du moulin

1- Préchauffer le four à 210 °C.
2- Éplucher les pommes de terre, les couper en deux et les cuire 25 minutes environ dans une casserole d'eau bouillante.
3- Égoutter les pommes de terre. Les passer au moulin à légumes ou les écraser à la fourchette.
4- Ajouter le lait, le beurre, saler et bien mélanger. Placer la purée dans un plat à gratin huilé.
5- Émietter les sardines égouttées à la fourchette puis les disposer sur la purée.
6- Parsemer de comté râpé, ajouter une noix de beurre puis poivrer.
7- Enfourner et laisser gratiner environ 10 minutes.
8- Servir le parmentier bien chaud accompagné d'une salade verte croquante.

REMERCIEMENTS

Garlone Bardel remercie chaleureusement Sophie Hélène pour sa collection de boîtes de sardines et ses couleurs, ainsi que la boutique La Sardine à Saint-Valéry-sur-Somme.
La Sardine - 9 rue de la Ferté - 80230 Saint-Valéry-sur-Somme.

SHOPPING

SARDINES

L'essentiel des recettes a été réalisé avec les sardines de la Conserverie la belle-iloise.
www.labelleiloise.fr

PEINTURES

Ressources, www.ressource-peintures.com
Tollens, www.tollens.com

CÉRAMIQUES

Tsé-Tsé, www.tsé-tsé.com
Virginie Besengez, www.virginiebesengez.fr
Rina Menardi, www.rinamenardi.it

TISSUS

Liberty, tissusliberty.blogspot.com

Avec l'aimable autorisation de reproduction de la Conserverie la belle-iloise.

Relecture et mise en page : Aurélie Legay

© Hachette Livre (Marabout) 2011
ISBN : 978-2-501-07385-1
40-7981-0
Achevé d'imprimer en mars 2011 sur les presses d'Impresia-Cayfosa en Espagne